AF330661

L 43
b
162

Lb 43
162

DE LA
PAIX GÉNÉRALE,

OU

TABLEAU POLITIQUE

ET MORAL

DE LA FRANCE,

MIS SOUS LES YEUX DES NATIONS.

Étranger aux partis et aux factions,
j'écris sous la dictée de mon cœur.
Non mihi sed mundo.

A PARIS,

Chez DENTU, libraire, Palais du Tribunat,
Galeries de bois ;

Et chez les Marchands de Nouveautés.

AN IX. — 1801.

Dᴇ ʟ'Iᴍᴘʀɪᴍᴇʀɪᴇ ᴅᴇ ʟᴀ Vᵉ PANCKOUCKE,
rue de Grenelle, Faubourg Germain, Nᵒ 321, en
face de la rue des Pères.

AU

GOUVERNEMENT

FRANÇAIS.

Au moment où ce cri imposant : *Plus de guerre entre les Nations, leur sang n'a que trop coulé*, retentit depuis les bords de la mer Glaciale jusqu'aux rivages de l'Océan indien , et depuis la plus reculée des Iles Philippines jusqu'aux extrémités du Mexique ; à l'époque aussi heureuse que desirée où le doux nom de paix se trouve dans toutes les bouches , parce que le desir ardent de la posséder vit dans tous les cœurs ; permettez que je dépose entre vos mains le double tribut de l'amour et de la gratitude , en vous offrant le *Tableau politique et moral de la France.*

Daignez agréer l'hommage de cette nouvelle production , dans laquelle mon esprit, d'accord avec le sentiment, s'est plu à présenter aux regards de la grande Nation, dans un cadre trop petit, trop étroit sans doute pour l'importance, pour la gravité du sujet, la peinture touchante des avantages précieux dont elle jouit déjà, et de ceux qu'elle a lieu, qu'elle a droit d'attendre d'une Administration éclairée, ferme et sage, sous l'empire du génie, de l'héroïsme, des talens et des vertus.

La promptitude avec laquelle j'ai tracé cette esquisse, m'engage à réclamer votre indulgence. Néanmoins si vous jugez de la valeur intrinsèque de mon travail par la pureté de mes intentions, je puis espérer d'obtenir votre suffrage. L'ambitionner, c'est vous prouver, c'est vous convaincre que je suis sincèrement attaché à ma patrie, à la constitution et aux lois.

Salut et profond respect,

BATAILLIARD.

TABLEAU

POLITIQUE ET MORAL

DE LA FRANCE,

MIS SOUS LES YEUX DES NATIONS.

O Melibee! Deus nobis hæc otia fecit.

Il est tems de dire de grandes vérités aux Nations et à ceux qui les gouvernent. Plus les siècles, dans l'abîme desquels tant de générations ont été s'engloutir, sont chargés du poids de leurs erreurs, de leurs fautes et de leurs excès ; plus nous-mêmes nous nous sommes laissé séduire par de vains fantômes, par de brillantes chimères, par le prestige des illusions ; plus, conséquemment, il est nécessaire d'employer des moyens aussi prompts qu'efficaces pour réparer solemnellement les torts des hommes, des passions et des circonstances.

Après une révolution terrible qui, par ses causes, sa nature, ses effets et ses résultats extraordinaires, paraît destinée à changer entiérement le systême politique de toutes les Puissances du continent, il est arrivé, je crois, le moment non moins heureux que desiré où il sera permis de fixer le sort des Peuples, en détruisant pour toujours les haines et les divisions, tant intérieures qu'extérieures ; enfin, le fléau de la guerre par le doux empire de la justice, des lois, de la concorde et de la paix.

Je ne sais si je me trompe sur les glorieuses prérogatives qui sont réservées à la France par suite des maux cruels qu'elle a soufferts, et des triomphes éclatans, multipliés, dont ses efforts aussi constans que généreux ont été couronnés ; mais je suis porté à croire, j'oserais presque assurer qu'à la faveur de la haute considération que ses principes d'équité, ses idées libérales et sa modération lui auront acquise, elle ne tardera pas à reprendre sa prépondérance dans les cours de l'Europe uniquement pour concilier leurs intérêts respectifs, établir entre elles la bonne harmonie, et non point pour exciter leur jalousie, pour entretenir de funestes rivalités par son orgueil et son ambition.

Ainsi, les secousses violentes, les crises affreuses qu'elle aura éprouvées, ne la rendront que plus attentive, plus empressée à procurer à ses voisins tout le repos et le bonheur possible. C'est, selon moi, par sa conduite, par ses dispositions actuelles qu'il convient de juger de sa manière de penser et d'agir, lorsque le continent et les deux mondes seront pacifiés. Afin d'être fixé sur un point aussi essentiel, examinons l'espace immense qu'elle a parcouru depuis l'événement mémorable du 19 Brumaire, an 8.

Je déclare à l'avance qu'étranger aux partis et aux factions, je n'écris ici que sous la dictée de mon cœur. Je ne crains donc pas d'affirmer que les détails dans lesquels je vais entrer, ont pour base la plus scrupuleuse impartialité, et qu'ils appartiennent exclusivement à la nature des faits dont ils dérivent.

Je n'ai jamais deshonoré ma plume, ni

compromis ma réputation par d'odieuses personnalités. Entre moi et les méchans ou les hommes dangereux, j'ai toujours mis la religion et les tribunaux. J'ai pardonné les injures, les injustices même qui se rapportaient à moi directement ; et je me suis reposé sur les puissances réunies du ciel et de la terre, du soin redoutable de punir les crimes commis au détriment de la société.

Ainsi, sans vouloir rappeler des souvenirs pénibles aux individus qui ont, depuis quelques années, figuré avec plus ou moins d'éclat sur le théâtre des événemens, et qui ont eu le bonheur de survivre à nos dissentions civiles pour être témoins de la gloire et de la prospérité de leur pays ; je montrerai, en peu de mots, quelle était notre situation vers la fin du 18e siècle, et avant que les rênes de l'Etat fussent confiées aux mains aussi fermes qu'habiles du premier Consul et de ses dignes Collègues.

Pour peu que l'on soit de bonne-foi, l'on conviendra qu'il n'était pas possible d'être plus mal avec soi-même et avec ses voisins. La Patrie était menacée de nouveaux déchiremens qui auraient peut-être ramené le régime affreux de la terreur. La révolution se prolongeait d'une manière aussi scandaleuse que funeste à la France et à l'Europe entière, dans la lutte des pouvoirs, dans le conflit des autorités, dans la turbulence des partis, dans le mouvement désorganisateur des factions. Le Gouvernement sans force et sans vigueur, au milieu des violentes secousses qui l'ébranlaient de toutes parts, livré d'ailleurs à l'incertitude d'une existence précaire ; abandonné aux vues ambitieuses *d'une poignée d'intrigans et d'adulateurs*, courait à sa dissolution, à sa perte totale par l'arbitraire, les fausses mesures, la mauvaise administration des finances ; par les séquestres, les confiscations, les emprisonnemens et les exils, par une odieuse tyrannie sur les opinions et les consciences ; par le systême essentiellement vicieux de ses relations diplomatiques, par les vaines subtilités d'une politique versatile, étroite, tortueuse et peu conforme au caractère libéral d'une nation

franche, généreuse, vaillante et magnanime. Il me semble entendre ici une voix
qui me crie : Homme prévenu ou peu
éclairé, quelle injure tu viens de faire à
l'esprit le plus pénétrant et le plus con-
sommé dans l'art des négociations, au
ministre le plus habile et le plus initié dans
tous les mystères de la diplomatie !

Pour répondre à cette apostrophe,
j'observerai que les lumières individuelles
du citoyen Talleyrand n'ont rien de commun avec les ombres dont elles étaient
comme voilées à l'époque dont il s'agit.
On voit comme elles ont brillé, depuis
qu'elles ont pu se montrer telles qu'elles
sont naturellement. Ainsi la clarté du
jour enchante les yeux, lorsque le soleil
s'élevant sur l'horizon dissipe les nuages
et n'offre plus aux regards, avec le doux
éclat de ses rayons, que le ciel le plus
pur et le plus serein.

Cependant par l'effet de cette confusion
et de ces désordres, le Directoire et les
deux Conseils, dont une fatale division
préparait la chûte, se poussaient mutuellement avec une ardeur insensée vers les

bords glissans et rapides d'un précipice qui les aurait infailliblement engloutis, dévorés, si le voyage aussi bienfaisant qu'inopiné de Saint-Cloud, si l'exécution et le succès de la plus noble des entreprises ne les eussent éloignés du gouffre profond où ils s'entraînaient avec une funeste imprudence, sans s'apercevoir qu'il était sur le point de s'entr'ouvrir sous leurs pas, pour n'offrir à leurs yeux que la honte, le désespoir et la mort. Nos armées seules alors, malgré les obstacles qu'elles avaient à surmonter, et les périls dont elles étaient environnées, continuaient de soutenir leur réputation de courage et de valeur, parce qu'inaccessibles aux manœuvres de l'intrigue, guidées par l'honneur, et nullement influencées par des motifs d'intérêt ou par des vues ambitieuses, elles ne savaient qu'obéir et verser leur sang généreux pour la défense de leur pays.

Je le répète : mon intention n'est point d'insulter, d'attirer des désagrémens, et encore moins de faire le procès à ceux sous l'administration desquels ces choses se sont passées. On n'ignore pas que les grandes révolutions ressemblent à ces orages terribles qui, en agitant, en bouleversant les mers jusqu'au fond de leurs abîmes, jettent souvent, lorsqu'ils ne les font point périr, les meilleurs vaisseaux sur des côtes éloignées, sur des rives étrangères où ils ne devaient point aborder dans l'ordre et le dessein de leur destination primitive. D'ailleurs, dans cette conjoncture critique, les mousses et les matelots sont-ils toujours dociles à la voix des chefs qui commandent l'équipage ? Certes, il n'y a pas beaucoup de mérite à un pilote d'arriver heureusement au port par un tems calme et serein. Mais, sans contredit, il développe un véritable talent et il a droit à la commune reconnaissance, lorsqu'en dépit des vents contraires, malgré les efforts de la bourasque, les dangers des écueils et des courans, il parvient à franchir l'intervalle considérable qui existait entre le lieu du départ et l'endroit où il se proposait de descendre à terre avec les passagers qu'il avait sur son bâtiment.

Quiconque sait apprécier les jouissances

du présent et connaît la difficulté de bien
régir les Etats, n'aura pas de peine à apercevoir, à saisir l'objet et le but de cette
comparaison ; cependant pour indiquer,
et toujours sans chercher à offenser, à
blesser personne, pour montrer la source
à la fois féconde et empoisonnée des calamités qui, comme une espèce de déluge,
ont inondé l'Europe, et de-là se sont étendues jusqu'à nos colonies, après avoir
parcouru presque toutes les mers ; j'observerai que le *hideux philosophisme* et ses
étranges paradoxes sur l'économie civile,
c'est-à-dire, sur la religion, la morale, la
politique et la législation, ont occasionné,
depuis un certain nombre d'années, des
maux incalculables par-tout où l'enthousiasme, l'ambition et l'ignorance les ont
accueillis avec une funeste et coupable
avidité. Néanmoins, et cette réflexion est
aussi vraie que consolante, lors même
que ses principes erronés, ses maximes
pernicieuses, nous ont jetés dans *le vague*,
des abstractions, *dans le cercle vicieux* des
théories les plus absurdes, *dans le dédale
obscur* des systêmes les plus impraticables,

cet imposteur a produit, à son insçu, des choses étonnantes, qui doivent tourner un jour au profit de ce qu'il avait dessein d'anéantir ou de repousser jusqu'aux extrémités du globe.

Il est incontestable, il est publiquement reconnu aujourd'hui, qu'après avoir, à la faveur de l'*athéisme*, enfanté les idées les plus extravagantes, propagé les opinions les plus dangereuses, cet effronté séducteur a, par son orgueil, ses folles prétentions, son audace et ses écarts monstrueux, prouvé aux têtes pensantes, aux ames élevées, aux cœurs suscéptibles des affections les plus honnêtes, la nécessité de fermer l'oreille à ses suggestions perfides, de renoncer à ses plans de réforme, et d'abandonner sa marche anti-sociale pour ressaisir, afin de les faire entrer dans l'ensemble comme dans les détails des opérations civiles et militaires, administratives et diplomatiques, les belles institutions, les réglemens utiles, sur lesquels nos pères, de pieuse, de respectable mémoire, avaient établi les fondemens durables de leur élévation, de leur grandeur et de leur puissance.

A cette occasion , je me plais à proclamer une vérité que les contemporains publient déjà avec beaucoup de reconnaissance, et que l'équitable postérité répétera avec une juste admiration ; c'est que les dépositaires de l'autorité, les chefs du Gouvernement actuel , en adoptant, de concert avec les représentans immédiats de la nation et les membres du Corps-législatif , sous les regards du Sénat conservateur , enfin sous les auspices de la Constitution de l'an 8 , une marche toute opposée à celle de leurs prédécesseurs , semblent avoir par le présent de bonnes lois , par le bienfait d'une administration vraiment paternelle , mis un espace très - considérable , je dirais presque immense entre eux et le régime exécré de 1793.

C'est ici le lieu d'opposer les contraires , non point pour troubler les consciences , pour exciter les regrets et les remords , mais pour faire sortir l'instruction du sein même des contrastes , et flatter l'imagination par des tableaux aussi vrais , aussi fidelles que touchans et agréables. Je puis donc m'écrier :

Recedant vetera , nova sint omnia ! ...

Avec quel plaisir , mêlé d'attendrissement , mon ame va s'épancher ! ah ! la vertu a tant de charmes : le bien en général a quelque chose de si délicieux et de si ravissant , que leur possession nous procure la félicité suprême , comme leur privation laisse notre cœur dans un vuide affreux ! ....

Que notre situation , tant intérieure qu'extérieure , s'est améliorée dans la courte période de dix-sept mois ! quel chemin nous avons arpenté ! quels progrès nous avons faits ! que d'abus , de folies et d'extravagances nous avons laissés derrière nous ! ... Combien l'arbre de la vie et du bonheur , débarrassé des branches parasites et gourmandes qui absorbaient une partie de sa sève , n'a-t-il pas donné à la masse des Citoyens de fruits aussi sains que succulens ! ... Dans ce moment n'est-il pas tout couvert de fleurs , et les douces saisons du printems , de l'été et de l'automne, ne produiront-elles pas des métamorphoses dont l'œil, la main et le goût seront également satisfaits ?...

Enfin parlons sans figures : l'effervescence des esprits a fait place au sang-froid de la raison. Les lumières de la vraie philosophie ont été substituées au délire de l'enthousiasme, aux fausses lueurs du doute, des conjectures et des hypothèses ; en un mot aux sophismes de l'incrédulité. L'héroïsme et le génie se sont réunis aux talens et à l'amour sacré de la patrie, ou plutôt ils se sont comme identifiés ensemble pour rétablir le règne de toutes les vertus sociales, publiques et privées. Nos conquêtes et nos victoires organisées par l'immortel BONAPARTE, n'ont plus eu pour objet de briser les sceptres, de fouler aux pieds les couronnes, de renverser les trônes et d'arracher la thiare jusque sur la tête du souverain Pontife.

N'est-il pas évident qu'à dater de telle époque, nous sommes entrés dans un ordre de choses qui, au dedans et au dehors, a déjà amené les résultats les plus avantageux, déterminé les changemens les plus utiles et les améliorations les plus sensibles ? D'après les nombreuses merveilles qui se sont opérées si rapidement dans les quatre parties du monde, que n'a-t-on point à se promettre des dispositions du présent, et quelle perspective séduisante l'avenir n'offre-t-il pas à l'œil enchanté de l'observateur ?...

Je le demande : comment après les incertitudes, les fluctuations, les anxiétés d'une trop longue attente, nos vœux et nos desirs ont-ils été tout à coup comblés au-delà même de nos espérances ? N'est-ce point parce qu'on a laissé *aux brouillons et aux cerveaux nébuleux* la manie des innovations ? N'est-ce point parce qu'on a marché sur les anciens erremens pour réorganiser, pour activer dans l'intérieur toutes les parties du service public ? N'est-ce point encore parce que l'industrie, le commerce et l'agriculture ont été encouragés ; que la conscience et la maison de chaque citoyen honnête et tranquille sont devenues des asyles impénétrables à la malveillance, à la persécution et à la tyrannie ? N'est-ce point aussi parce que, plus que jamais, depuis l'expédition d'Egypte, le signal de l'honneur et de la victoire avec celui de la discipline et de l'humanité, au milieu du tumulte des camps, au sein même des combats, a été donné par un héros à une foule, ou plutôt à des armées de braves ?

Si nos relations avec les puissances étrangères ont pris ouvertement ce caractère de franchise, de noblesse et de dignité qui distinguent les gouvernemens constitués de ceux dont la force consiste uniquement dans l'audace, et dont la sagesse est toute dans des formes purement illusoires ; n'est-ce point parce que la guerre, les négociations et les traités de paix se font comme du tems des Condé, des Turenne, des Villars, des Luxembourg, des Vauban et des Louvois?...

Sans chercher à diminuer le mérite et encore moins à flétrir les lauriers de ceux de nos défenseurs de la patrie morts sur le champ de bataille, sans vouloir affliger ni offenser les mânes des capitaines que le trépas a moissonnés dans leur lit, par le tranchant de la guillotine et par le fer ennemi ; j'ose dire ici que des généraux aussi vaillans qu'expérimentés comman- dent à des soldats et non à des brigands ou à des vagabonds. On se bat pour con- quérir la paix , pour retourner dans ses foyers , pour consolider l'ouvrage de la philantropie , et l'on ne se fait plus *mutiler*, *égorger* pour le triomphe aussi obscur qu'infructueux et passager des partis et des factions.

Qu'ai-je dit ? j'ai prononcé tout à l'heure des mots qui peignent , qui expriment la douleur et la destruction..... Des idées , des images plus consolantes et plus con- formes à notre position doivent se pré- senter à notre esprit pour communiquer à notre cœur les impressions les plus agéa- bles. Oui , au lieu de la voix terrible de la farouche Bellone , on n'entend plus sous la tente de Mars que des cris d'allégresse , les accens de la joie et les doux chants de la paix. Si l'on m'interroge pour savoir qui a arrêté ainsi l'effusion du sang hu- main , qui a converti les cyprès en guir- landes de fleurs , qui a rappelé au sein des camps , dans le domaine même de la mort , le plaisir , l'amour et la gaîté ; je répondrai par cette exclamation touchante du chantre divin des Géorgiques :

O Melibee ! Deus nobis hæc otia fecit....

O toi ! que la providence , pour accomplir ses desseins éternels sur les enfans des hommes , a ramené *miraculeusement* des bords lointains du Nil sur les rives fortunées de la Seine , où ta présence inattendue a semblé celle d'un génie tutélaire , d'un ange de bénédiction ; toi que le ciel a chargé d'une mission sublime ! celle de rétablir parmi nous la tolérance politique et religieuse , de relever les autels abattus de la justice , de la concorde et des arts ; *de réconcilier* par le respect des principes et des convenances , par l'influence salutaire de la morale , de la politique et de la législation , enfin par la cessation des hostilités , *le peuple français avec lui-même et avec les autres nations* , après avoir créé, sous les auspices de la raison , de la sagesse et des lumières , un gouvernement énergique et vigoureux ; ô toi ! auquel on peut, par suite de ton heureux retour d'Égypte,

appliquer dans le sens de notre rédemp-
tion sociale ces belles paroles de l'Écriture
sainte que l'Église rapporte à Jésus-Christ
comme à son chef, à son époux, et comme
ayant été sacrifié à l'orgueilleuse Syna-
gogue :

*Lapidem quem reprobaverunt ædificantes,
hic factus est in caput anguli. A Domino fac-
tum est istud, et est mirabile in oculis nostris.
Hæc est dies quam fecit Dominus, exultemus
et lætemur in eâ....*

O toi, sur la tête duquel reposent tant
et de si chères espérances ! toi à qui les
cœurs reconnaissans décernent avec une
émotion délicieuse, le titre glorieux de
pacificateur ! jouis de ton ouvrage et de tes
bienfaits avec tout ce qui s'est associé à
tes destinées, avec trente millions d'individus, avec tous les peuples policés des
deux mondes....
Digne de figurer comme un Charlemagne
sur le théâtre élevé de l'univers, tu auras
un meilleur sort qu'un Henri IV, et l'ombre
auguste de ce prince héros, de ce monarque-
législateur, qui, comme toi, avait formé

le beau projet de donner la paix à l'univers, ne murmurera jamais de te voir, entre un Sully et un Puffendorff, occuper un poste éminent que tu remplis, de manière à mériter, à obtenir la place la plus distinguée dans les fastes de l'histoire, et jusque dans le souvenir de nos derniers neveux.

Ce qui élève l'homme au-dessus de lui-même, ce qui lui donne une supériorité positive sur ses contemporains, c'est le génie dont la vaste étendue embrasse, saisit et détaille tous les objets; ce sont les hautes conceptions dont le sublime s'accorde toujours avec le beau, le bon, l'honnête et l'utile; enfin c'est la véritable gloire dont l'éclat à la fois vif et pur brille pour se répandre constamment sur le mérite, les talens et la vertu.

La grandeur et le nombre de tes exploits militaires ont, en quelque sorte, rendu inhérente à ta personne, l'idée sublime que présente cette magnifique métaphore:

Exultavit ut gigas ad currendam viam....

Ce vœu que nous avons tant de fois

formé , *Fiat pax in virtute tuâ et abundantia in turribus nostris* , ne tardera point à se réaliser , et bientôt nous nous écrierons dans les transports de la joie la plus vive et la plus sincère :

Ecce quàm bonum et quàm jucundum habitare fratres in unum!

En mon particulier , je te regarde comme un envoyé du ciel : *il s'est déclaré pour toi; qui sera contre toi ?* C'est à ce titre , c'est sous ce point de vue que je ne rougis point de t'adresser mon hommage Autrement tu ne serais pour moi qu'un simple mortel , et je me garderais bien d'encenser une idôle.... Ta réputation est *vierge* : tu n'appartiens à aucun parti ; ton épée est celle d'un héros, et tu ne l'as jamais rougie pour le triomphe des partis. Tu as respecté, tu as adoré en Egypte le Dieu de Mahomet , qui est aussi celui des Chrétiens ; car il n'y en a qu'un , et son existence se perd dans l'éternité, comme sa puissance , ses perfections et ses divers attributs n'ont d'autres bornes que celles de l'infini....

Après m'être élevé un moment jusqu'aux cieux, je viens reprendre ma place sur la terre.

Sans doute la gloire et la célébrité que nos guerriers se sont acquises depuis le Caire jusqu'à Amsterdam, depuis Turin jusqu'à Vienne, et depuis l'extrémité des départemens de l'Ouest jusqu'au pays des Grisons, ne souffrent aucun parallèle, n'admettent aucune comparaison ; mais le vertueux, le modeste Moreau, en face du prince Charles, ne rappelle-t-il point le vainqueur d'Arcole et de Lody à Léoben et à Campo-Formio ?...

L'imagination qui m'a transporté sur les aîles rapides de la pensée, jusque sous les murs de Saint-Jean-d'Acre, en Italie, en Hollande et en Allemagne, me ramène de ces diverses régions aussi promptement, aussi facilement que j'y suis allé, pour promener mes regards attentifs dans l'intérieur de la France et jusque dans le sein de la capitale. Du Nord au Midi, de l'Orient à l'Occident, combien d'objets autrefois pénibles à voir, et aujourd'hui revêtus de formes intéressantes frappent agréablement mes regards dans un pays que l'on peut appeler le paradis terrestre de l'Europe ! . . .

O vous qui, en qualité de Préfets et sans autres intermédiaires que les premiers agens de l'autorité supérieure , êtes à l'égard de tout ce qui concerne les détails de l'administration publique les représentans , les organes constitutionnels du pouvoir exécutif , permettez-moi de pénétrer un instant dans vos bureaux , ainsi que dans le sanctuaire de vos consciences , pour découvrir , pour révéler des secrets dont la connaissance est utile à toutes les classes de la société ! Veuillez m'ouvrir ou me laisser consulter vos registres , sur lesquels sont consignés tant d'arrêtés favorables à l'innocence malheureuse. Daignez m'admettre dans votre confiance intime , et me communiquer les intentions du Gouvernement sur la manière d'envisager et de traiter les objets qui ont été recommandés à vos soins , à votre zèle et à votre surveillance. Dites-le moi : avez-vous été envoyés dans les provinces pour proscrire les individus , perpétuer les désordres ,

fomenter les troubles , exciter les ven-
geances , alimenter les haines , paralyser
l'industrie , ruiner le commerce , anéantir
l'agriculture , repousser du sein de la mère-
patrie les vieillards , les femmes et les
enfans ?...

Vos principales fonctions ne consistent-
elles pas au contraire à défendre les pro-
priétés et les citoyens contre les attaques
ou les entreprises du brigandage , à mettre
un terme aux calamités de la révolution , à
calmer les ressentimens , à fermer , à guérir
entièrement les plaies de l'État , à étouffer
le germe des divisions , à entretenir la plus
grande activité dans nos ports et dans nos
manufactures , à encourager les bonnes
mœurs , à faire fleurir les belles-lettres ,
les arts et les sciences , à sécher les larmes
de la veuve et de l'orphelin , à verser le
baume salutaire des consolations dans des
ames accablées sous le poids de la douleur
et de l'infortune , à répandre par-tout le
bonheur ; enfin à faire aimer dans les
villes , dans les campagnes, les lois et les
premiers magistrats du peuple , par une
prompte justice , par une fermeté mêlée

de douceur, de bienveillance et de modération ?...

J'ose aussi m'adresser à vous et vous in-
terroger, Juges de paix, Commissaires de
police, Officiers publics, Membres des tribunaux civils et criminels ; avez-vous été
institués pour éterniser les querelles, pour
commettre des exactions, tourmenter les
personnes, les faire incarcérer arbitraire-
ment, les condamner sans les entendre,
et prononcer contre elles, par ignorance ou
par méchanceté, des arrêtés de mort ou
des punitions infamantes ? Ah ! que vous
avez des attributions bien différentes, et
que les mandats dont vous êtes porteurs,
que les caractères dont vous êtes revêtus,
sont bien opposés à de pareils abus, à de
semblables iniquités ?...

Vous empêchez les procès en conciliant
les parties. Vous intervenez dans les débats
de famille ou des particuliers, et vos sages
conseils écartent les préventions et la mauvaise foi.

Vous savez que la liberté est un des
biens les plus précieux. Vous n'usez de vos

droits qu'avec beaucoup de réserve et de circonspection. Ni la passion, ni la cupidité, ni la calomnie n'ont le moindre accès chez vous, parce que vous n'ignorez pas ce que sont en général *les dénonciateurs* et ce dont ils sont capables. Alors vous n'êtes que les fidelles ministres de la loi, et jamais les aveugles, les vils instrumens de l'intrigue et de l'ambition.

Vous pesez les intérêts dans la balance de l'équité, et quand vous êtes forcés d'envoyer le crime à l'échafaud ou de lui infliger des peines passagères, c'est pour l'avantage commun, c'est pour le maintien, pour le salut de la société entière, que vous vous déterminez à ces actes de rigueur.

Prêtres du Dieu vivant qui, après plusieurs années d'exil, avez, sous le consulat d'un héros magnanime, obtenu la permission de revenir en France pour y exercer le culte catholique, pour y prêcher la morale la plus sublime ! n'hésitez pas non plus à m'instruire de vos projets et à me rendre compte du résultat de vos efforts et de vos démarches auprès des ouailles dont vous avez repris volontairement la conduite , et qui se sont empressées d'obéir à votre voix. Parlez ? expliquez-vous : depuis qu'il vous a été accordé de respirer l'air natal et de vous livrer à vos anciennes occupations , vous est-il venu dans l'idée de faire servir la plus sainte des religions à des usages indignes de son auteur , de son but et de sa fin ?...

Avez-vous , soit en chaire ou dans le confessionnal, soit dans vos visites ou dans vos conversations , abusé de votre crédit, de vos lumières et de votre ministère sacré pour affaiblir le respect dû aux autorités constituées , pour influencer les opinions , les esprits et les consciences, pour rallumer le feu des discordes civiles , pour réveiller les haines assoupies , en un mot, pour replanter , au milieu des flots de sang, la croix de Jésus-Christ sur les ruines du trône et de l'autel ?...

Que cette façon de penser, ces procédés et ces manœuvres s'accordent peu avec vos principes, vos sentimens et vos actions ! vous n'avez pas oublié ce commandement exprès de votre divin maître : *Rendez à*

César ce qui est à César , et à Dieu ce qui est à Dieu.

Comme par l'effet de la corruption et de l'égarement des hommes , il n'y a rien de fixe , de durable sur la terre ; comme les institutions les plus sages , les républiques les plus florissantes , les empires les mieux établis ne résistent pas toujours aux coups inévitables de la fortune et du tems ; ou plutôt comme les changemens qu'ils éprouvent , les révolutions même qu'ils subissent, appartiennent à des causes dans lesquelles nos dérèglemens et notre méchanceté jouent un très - grand rôle ; vous adorez avec un Bossuet la main invisible et redoutable qui élève ou abaisse , renverse ou conserve les trônes , les puissances et les dominations , suivant que les rois , les chefs des états en général et les nations sont plus ou moins attentifs à pratiquer toutes les vertus privées et publiques que la religion de concert avec la justice et les lois prescrivent à chaque citoyen , n'importe quels soient son rang , ses richesses et sa profession.

A l'égard du sort des peuples et des des-

tinées des mortels que la naissance , l'héroïsme ou le hasard ont placés à leur tête ,
vous vous rappelez ces beaux vers de
Racine :

Ce Dieu, maître absolu de la terre et des cieux,
N'est point tel que l'erreur le figure à nos yeux.
L'éternel est son nom, le monde est son ouvrage.
Il entend les soupirs de l'humble qu'on outrage,
Juge tous les mortels avec d'égales lois,
Et du haut de son trône interroge les rois.
Des plus fermes états la chûte épouvantable,
Quand il veut, n'est qu'un jeu de sa main redoutable.
. . . .
. . . .
Que peuvent contre lui tous les rois de la terre?
En vain ils s'uniraient pour lui faire la guerre :
Pour dissiper leur ligue, il n'a qu'à se montrer;
Il parle et dans la poudre il les fait tous rentrer.
Au seul son de sa voix, la mer fuit, le ciel tremble :
Il voit comme un néant tout l'univers ensemble,
Et les faibles mortels , vains jouets du trépas,
Sont tous devant ses yeux, comme s'ils n'étaient pas.

Vous êtes persuadés que le triomphe
du crime n'est que *passager* , et que tôt
ou tard il n'échappe point au supplice
qui lui est réservé :

> *Rarò antecedentem scelestum*
> *Deseruit pede pœna claudo.*

Parce que le ciel et la loi sont là pour le

punir , vous leur laissez un soin qui vous est étranger et dont ils sont spécialement chargés. Vous vous bornez *au spirituel*, et vous abandonnez le temporel à ceux qui ont des pouvoirs *ad hoc*. Vous avez eu quelquefois occasion d'appliquer ces paroles au méchant et à l'ambitieux : *Modo transii et adhuc non erat :*

Je n'ai fait que passer ; il n'était déjà plus. Vous répétez souvent , au nom du législateur par excellence : *Ne faites point à autrui ce que vous ne voudriez pas qui vous fût fait. — Aimez Dieu par-dessus toutes choses et votre prochain comme vous-même. — Pardonnez-vous mutuellement vos fautes , vos erreurs. —Ne gardez pas dans votre cœur le ressentiment ou le souvenir des injures. — Avant de vous présenter à mon autel pour m'offrir votre don ,* dit le Seigneur *, allez vous réconcilier avec votre frère. — A Dieu seul appartient la vengeance ,* etc.

Voilà des devoirs dont vous ne cessez de démontrer l'importance et la nécessité. S'il vous arrive de parler de nos droits , c'est pour les soumettre également à des règles fixes et certaines , qui sont toujours subordonnées aux principes de la morale, au pouvoir des lois et à l'empire de la conscience. Vous faites voir qu'ils ne sont assurés que dans l'état social, parce que *la liberté*, *l'égalité*, *la propriété*, qui sont sans contredit, après le présent de la vie, les biens les plus essentiels, les plus positifs et les plus précieux, sont constamment protégées, garanties par la force extérieure ou publique, sous les auspices de la raison, de l'ordre, de la justice distributive et des convenances sociales.

Honnêtes agriculteurs, propriétaires aisés, riches négocians, et vous qui dirigez des manufactures, des établissemens, des atteliers considérables, épanchez aussi vos ames : venez déposer entre mes mains l'offrande, le tribut de l'admiration, de la gratitude et de l'amour!.. Ne craignez pas que je retranche rien de vos hommages, et que ma plume infidelle rende mal ou affaiblisse les traits caractéristiques par lesquels vous voulez peindre vos sentimens aussi nobles qu'affectueux à l'égard de tous ceux qui partagent, avec le consul BONAPARTE, le titre aussi doux

que glorieux de *bienfaiteur* de la France ,
de l'Europe et de l'humanité entière. Si
je vous ai bien compris , voici les merveilles
dont vous desirez que la connaissance
soit transmise officiellement à toutes les
puissances de la terre :

« Des milliers de bras seront incessam-
» ment à la disposition de l'agriculture ,
» du commerce , des arts et de l'industrie.
» Les canaux , les rivières , les fleuves et
» les ports de la France , en même tems
» qu'ils étendront et qu'ils feront fructi-
» fier au-dehors toutes les branches de la
» prospérité nationale , seront autant de
» sources pures et fécondes , dans les-
» quelles le régnicole et l'étranger puise-
» ront indistinctement les moyens de mul-
» tiplier, d'échanger , de transporter par-
» tout où besoin sera , les jouissances , le
» plaisir et le bonheur. *Les mers seront*
» *libres*: elles verront, sans jalousie, flotter
» sur leur surface plus ou moins tran-
» quille , plus ou moins agitée , tous les
» pavillons qui , réunis sous les étendards
» de la paix , annonceront que les peu-
» ples *ne veulent plus se haïr ni s'entr'égor-*

» *ger* ; mais qu'au contraire il a lui, sur
» la vaste étendue du globe, le jour mille
» fois desiré où ils doivent contracter en-
» semble une alliance éternelle. Le soleil
» de gloire, de justice et de bienfaisance
» brillera sur l'horison ; il répandra la plus
» vive lumière ; il éclairera tous les peuples,
» et ce qui n'était d'abord qu'une ombre,
» une simple prédiction se convertira en
» réalité.... »

Sortez aujourd'hui de votre intéressante,
de votre respectable obscurité, rentiers et
pensionnaires de l'État ; venez en masse
payer votre tribut de reconnaissance à
l'héroïsme, au génie, aux talens, aux
lumières et à l'équité qui ont semblé faire
entre eux un pacte sacré pour vous arracher à la misère, au désespoir et à la mort,
pour environner de consolations positives
les tristes restes d'une vie languissante et
pour semer de quelques fleurs la route
plus ou moins tortueuse, plus ou moins
agréable, plus ou moins difficile, plus
ou moins riante qui nous conduit tous au
trépas ! ...

Commis, chefs de bureaux, Adminis-

trateurs , Membres de diverses commis-
sions temporaires , et vous tous qui tou-
chez des appointemens du trésor public ,
mêlez , joignez aussi vos actions de graces
à ce concert unanime d'éloges et de béné-
dictions , auquel je m'empresse d'unir ma
faible voix , *quoique je sois sans emploi depuis
plusieurs années.* Combien n'avez-vous pas
eu à souffrir avec vos créanciers ! quelles
privations n'avez-vous pas été obligés de
vous imposer ! que votre existence a été
pénible ! qu'elle a été cruelle jusqu'à l'époque heureuse où un Lebrun , un Dufresne
et un Gaudin ont pu débrouiller le chaos
des finances , et par des plans bien com-
binés , de sages économies , des améliorations utiles , élever les recettes au niveau
des dépenses !...

Victimes infortunées des réactions et des
secousses révolutionnaires, prévenus d'émi-
gration , injustement portés sur la liste fatale , approchez-vous de moi , venez ter-
miner un tableau que je n'ai fait qu'ébau-
cher , et que je me serais plu à orner des
couleurs les plus vives , les plus brillantes,
si mes loisirs et mes talens me l'eussent

permis ; trop malheureux français, que les partis et les factions ont alternativement sacrifiés à leur haine et à leur vengeance, pourquoi cet air abattu, ce front couvert de nuages, ces yeux mouillés de larmes, enfin cet extérieur tout décomposé, avec lesquels vous vous présentez à mes regards, et vous vous avancez jusqu'à moi ?...

Je vous invite à me parler, vous gardez un profond silence : j'insiste et vous ne me répondez que par des soupirs. Ah ! ne craignez pas de confier vos peines à celui qui a plaidé votre cause dans plusieurs occasions, et qui s'est déclaré votre défenseur à la face du ciel et de la terre ;

> Je sais tout le respect que l'on doit au malheur :
> Qui le plaint, le console en charmant sa douleur.
> *Res est sacra miser.* — Sénèque.

Parce que les circonstances ne vous ont point encore fourni les moyens de me témoigner votre reconnaissance, peut-être croyez-vous devoir me laisser ignorer la nature et la grandeur des maux qui vous accablent. Mais pour connaître tout l'affreux de votre position, qu'est-il besoin

de m'en faire la peinture ? N'avez-vous pas
eu le droit d'intéresser ma sensibilité , du
moment que votre innocence m'a été dé-
montrée , et que je vous ai vu succomber
sous le poids de disgraces non méritées ?...

Quemcumque miserum videris , hominem scias.

P. Syrus.

Vous aurais-je deviné ? Cette mélancolie , cette tristesse et cet abattement dans
lesquels vous êtes plongés , ne seraient-ils
pas l'effet ou le résultat de *l'indignation
concentrée* , de celle qu'excite l'*honneur ou-
tragé* , lorsque tous les moyens d'une justi-
fication directe lui sont enlevés par la fa-
talité des circonstances ? Ne serait-ce point
pour vous la plus cruelle des injures , que
sur de simples soupçons , sans probabilités
fondées , sans preuves acquises , on eût
pu , sinon vous confondre , du moins vous
supposer de secrettes intelligences avec
les exécrables auteurs ou les infames instrumens de l'affreuse conspiration du 3
nivôse ?...

Ces idées désespérantes n'auraient-elles
point troublé votre esprit jusqu'à vous faire
oublier ce que vous devez à votre réputa-

tion, à votre innocence et à vous-mêmes ?...

Que la patience et le courage ne vous abandonnent point, familles proscrites par l'ambition et la cupidité. S'il est vrai que l'explosion terrible de la machine infernale ait été dans le cas de retarder votre triomphe, il n'en sera que plus éclatant et plus complet, aussitôt que l'on sera parvenu à percer, si toutefois on ne juge pas à propos de le déchirer, le voile épais dont la scélératesse la plus caractérisée avait couvert la plus odieuse des trames, le plus détestable des complots. Oui, j'en ai la douce persuasion, et votre vertu, le sang qui coule dans vos veines, la noblesse de vos sentimens m'en répondent d'avance ; oui, vous remporterez une victoire signalée sur la malveillance et la calomnie... Qu'il sera flatteur, qu'il sera honorable pour moi de m'être, en quelque sorte, porté votre caution auprès du nouveau Gouvernement, puisque vous n'aurez été du nombre ni *des accusés*, ni *des coupables*, dans tout ce qui tient ou se rapporte au plus abominable des forfaits !...

Levez donc les yeux au ciel ; étendez

vos mains suppliantes vers le trône inex-
pugnable de la majesté divine ; attendez
de là votre secours et votre force. L'esprit
de sagesse et de lumière s'est reposé sur la
tête d'un héros , et il lui a été accordé de
faire incessamment votre bonheur , ainsi
que celui du genre humain ; je vous l'an-
nonce , je vous le promets , je vous le jure ,
au nom du Très-Haut , il saura , lorsqu'il
en sera tems , applanir les difficultés , détruire les obstacles , anéantir les préventions,
en un mot , *trancher le nœud gordien.*

Mais , m'objectera-t-on , le grand homme
que tu signales à l'Univers comme un pro-
tégé , un favori de l'Être suprême , ne con-
trariera-t-il pas ouvertement la volonté du
Peuple français ? Non , il ne fera que l'exé-
cuter sous les ordres de celui qui tient dans
sa main les puissances et les nations de la
terre , parce que la justice qui est éternelle
comme la source sacrée dont elle émane ,
existe avant l'homme naturel et social ,
avant l'individu dont la création a eu lieu
dans le tems.

A ce sujet j'observerai que les principes
de la raison , du droit et de l'équité , quelles

que soient *leurs variantes* dans l'histoire du cœur humain et dans celle des empires, ressemblent aux corps élastiques : on peut les comprimer, mais on ne saurait les détruire ; c'est pourquoi dès qu'une force supérieure les dégage du poids étranger qui les avait fait fléchir, ils reviennent d'eux-mêmes à leur premier état.

Vous qu'une journée désastreuse avait enveloppés dans une fatale proscription ! Vous qui, sans jugement préalable, aviez été arrachés du sein de votre patrie pour être relégués jusqu'au fond de la Guyane ; vous tous sur la tête desquels, par suite d'un événement sinistre, le glaive de la mort a été suspendu jusqu'à l'époque heureuse où il a été permis à la justice et à la bienfaisance d'un héros de se déclarer ouvertement en votre faveur ; souffrez que je sois ici l'organe et l'interprète de vos sentimens à l'égard de votre généreux libérateur.... Mais je vous aperçois. Ah ! combien j'aime à vous contempler dans l'état où vous vous présentez à moi. Dans vos yeux attendris et satisfaits, je vois rouler les larmes de la reconnaissance. Vos visages sur lesquels se peint la joie la plus douce, expriment à la fois le contentement, l'amour et cette mélancolie sentimentale dont le langage a tant de charmes et d'éloquence. Chacun de vous tient d'une main le buste du grand homme, et de l'autre il me le montre comme l'auteur de son repos et l'objet de ses vœux. Avec quel plaisir je me plais à décliner vos noms, diplomate Barthélemi, ingénieur Carnot, métaphysicien Sicard, financier Barbé-Marbois, littérateur Laharpe, savant Job-Aimé, négociant Laffond-Ladebat, docte Pastoret, estimable Siméon, jurisconsulte Portalis, sensible et vertueux Duprat, etc., avant de vous éloigner de moi, quels sont les mots touchans que vous avez prononcés d'une commune voix! qu'il m'est doux de les répéter! ,, l'ancien Directoire a cru faire le ,, bien général en sacrifiant quelques indi- ,, vidus à la chose publique : dès-lors nous ,, nous sommes résignés, et le bonheur ,, de notre Patrie nous a été plus cher que ,, notre propre existence. Nous avons par- ,, donné à nos ennemis ; notre innocence,

» le ciel et notre courage ont été nos uni-
» ques appuis : le jour de notre délivrance
» et de notre triomphe est arrivé, et nous
» n'avons repris notre place dans la société
» que pour donner l'exemple de la sou-
» mission aux lois etau Gouvernement. »

Hommes d'état, Savans distingués, Lit-
térateurs célèbres, Poëtes, Philosophes,
Moralistes, Orateurs, Peintres, Artistes, etc.
vous tous dont les connaissances, les talens, les lumières et les vertus honorent à
la fois l'esprit et le cœur, la raison et la
philantropie, je vous entends réclamer la
faveur d'augmenter ici le nombre des citoyens, qui applaudissent sincérement au
nouvel ordre de choses, parce qu'ils le
considèrent comme le fondement, le gage
assuré d'une force, d'une gloire et d'une
puissance d'autant plus solide, d'autant
plus durable, qu'établie sur les bases de
l'union et de la paix, de la justice et de
la sagesse ; elles auront pris les accroisse-
mens, l'étendue, la fixité convenables
sous les regards mêmes de l'héroïsme et du
génie, par l'influence, par le concours de
tous les efforts, de toutes les volontés, de

toutes les affections, de tous les sentimens; en un mot de toutes les facultés physiques et morales....

Dignes collègues du premier Consul; vous tous qui soutenez, avec ce héros philosophe, politique et administrateur, le pesant, mais honorable fardeau des affaires publiques, Conseillers d'état, Ministres de la République, Directeur de la trésorerie nationale; vous aussi Membres du Sénat conservateur, du Corps législatif et du Tribunat, venez dans cet écrit confondre vos vœux et vos suffrages avec ceux de la France entière. Quelles que soient vos idées, vos opinions sur ce qu'on appelle le mécanisme des sociétés, sur la meilleure forme de gouvernement qui puisse régir les Nations, vous ne savez que vous réunir pour le maintien de l'ordre et de l'harmonie, pour procurer le repos et le bonheur à vos concitoyens.

Vous n'ignorez pas que la Noblesse et le Clergé, les Parlemens et la Cour elle-même se sont fait un mal incroyable par les divisions scandaleuses qui éclatèrent entre ces différens corps, et par les vives attaques qu'ils n'ont cessé de se livrer respectivement jusqu'à leur destruction totale. Vous voyez clairement qu'au moyen d'une conduite aussi impolitique qu'immorale , ils ont creusé , pour ainsi dire , de leurs propres mains , l'abîme qui les a engloutis les uns après les autres ; vous reconnaissez que les mêmes causes ont également entraîné la ruine des pouvoirs , des autorités et des institutions qui ont figuré successivement sur le théâtre sanglant de la révolution.

D'après ces exemples frappans , les leçons terribles de l'expérience , et surtout d'après les principes de sagesse et d'humanité qui dirigent vos pensées et vos actions , vous êtes persuadés , vous êtes convaincus de l'heureuse nécessité de vous garantir réciproquement votre existence çivile , politique et morale , par une estime, une considération et un attachement mutuels.

Les chefs offrent le spectacle intéressant de cette agréable union , de ce charmant accord. D'ailleurs combien de motifs pour vivre ensemble dans une parfaite intelligence ! Les lois dont le nombre , ou plutôt l'*économie*, si j'ose m'exprimer ainsi, suivent simplement la progression des besoins et de l'utilité réelle, sont aujourd'hui en pleine vigueur. L'unité sociale est établie, elle a reçu sa sanction du consentement général. Tous les états, toutes les conditions reprennent leur place, leur mouvement et leur activité. Les rouages de la machine politique, simplifiés et rendus à leur véritable destination, ne s'embarrassent plus et n'occasionnent plus, par des frottemens répétés, de funestes et d'interminables secousses. L'homme intérieur se recompose des précieux élémens qui entrent naturellement dans sa constitution morale. Chaque jour il s'améliore, il se perfectionne ; il rejette loin de lui la rouille révolutionnaire, pour lui substituer le brillant et le poli des bonnes mœurs, de la saine raison et des véritables lumières.

Certes voilà des résultats qu'il est impossible de nier, sans mentir à soi-même, sans se refuser à l'évidence des faits, sans contredire l'opinion générale.

Continuons :

Ambassadeurs des puissances étrangères,
Agens diplomatiques des divers gouvernemens avec lesquels nous entretenons des
relations d'amitié, n'êtes-vous pas frappés,
enchantés de tout ce qui se présente à votre
vue dans le sein de la capitale ? Avant d'y
être arrivés, vous étiez-vous formé une
juste idée de notre situation actuelle ?
N'avez-vous pas à vous louer de tout ce
qui vous approche, vous environne dans
nos cercles, nos bals et nos fêtes, relati-
vement au respect, aux égards, aux pré-
venances, aux soins et aux attentions dont
vous êtes les dignes objets ?

Qu'il est changé à son avantage et pour
la satisfaction commune, ce peuple na-
guères si brusque, si remuant, si agité,
lorsqu'il était sous la main des factions et
des partis ! Qu'ils ont bien une autre façon
de penser ces hommes qu'un fol enthousiasme avait égarés au point de voir dans
une seule section tous les habitans de Paris,
dans cette ville populeuse, tous les citoyens
de la République, pour commettre tous
les excès, toutes les extravagances possi-
bles, et dans la France, toutes les nations

de l'univers , pour réduire en poudre tous les trônes , tous les sceptres et toutes les couronnes !...

Telle est , par aperçu , notre position au-dedans. Elle n'est pas moins avantageuse au-dehors.

Un traité de paix vient d'être conclu, au nom de l'Empereur , avec tous les cercles d'Allemagne. Déjà il est heureusement ratifié ; il a comblé nos desirs et nos espérances. Une des plus formidables puissances du Nord a épousé ouvertement nos intérêts. Elle est l'ame , le soutien et l'appui de cette coalition redoutable qui s'est formée depuis peu contre le tyran des mers , contre l'envahisseur du commerce maritime des Nations. Nous possédons dans nos murs un ambassadeur de Paul I. La Prusse s'est déclarée notre amie. Notre union avec l'Espagne est plus intime , plus solide que jamais elle ne l'a été , même du tems de la monarchie. La guerre est heureusement terminée en Italie. Des trônes abattus ou chancelans y sont relevés ou affermis. Le Pape ne tremble plus dans Rome , et son autorité *spirituelle*, se manifeste partout avec des caractères qui en promettent, qui en assurent l'entier rétablissement, c'est-à-dire, le triomphe et la stabilité. Nos armées continuent d'être victorieuses en Egypte. La Hollande est une de nos plus fidelles alliées. Enfin, nous avons fait avec les Etats-Unis d'Amérique un pacte dont on a droit d'attendre les conséquences les plus favorables.

Quel est donc le levier puissant qui nous a portés, en si peu de tems, à un aussi haut degré d'élévation, de grandeur et de gloire ? Tournez vos regards vers le Louvre, embrassez par la pensée toutes les autorités qui vont aboutir à ce point central par les lignes constitutionnelles, et vous apercevrez les différentes sources d'où émanent tous les avantages dont nous jouissons physiquement et moralement.

Il n'y a donc plus que l'Angleterre qui s'oppose à l'accomplissement du vœu de toutes les Nations, et qui, par une résistance aussi coupable qu'opiniâtre, prolonge les malheurs et les désastres, les les calamités et les fléaux, sous le poids

desquels les deux mondes ont gémi pen-
dant près de dix années consécutives.

Trop fière, trop ambitieuse Albion,
quand ouvriras-tu les yeux sur les maux
affreux qu'ont produits ton orgueil, tes
écarts et tes excès? Les résultats n'en sont-
ils pas effrayans? Examine quel a été,
au commencement et dans le cours de
notre Révolution, l'usage ainsi que l'emploi de tes immenses trésors. Calcule froi-
dement, si tu peux, ce que tu as dé-
pensé pour faire couler des flots de sang
sur le continent et dans nos îles, sur
l'Océan et sur la Méditerranée.

N'as-tu pas inhumainement souri aux
premières divisions qui ont, dans le prin-
cipe, éclaté chez nous, au sein des villes,
des bourgs et des hameaux? N'as-tu pas
des reproches sérieux à te faire, relative-
ment aux crises, aux secousses, aux déchiremens, aux catastrophes que nous
avons successivement éprouvés, et dont
l'idée seule épouvante notre imagination?
Etait-ce réellement pour rendre à la France
son ancien gouvernement que tu as vomi
sur nos côtes ces hordes indisciplinées

auxquelles tu as joint des hommes que tu as trahis, que tu as sacrifiés, tout en caressant leur chimère, tout en favorisant leurs vains projets ? N'était-ce pas, au contraire pour sapper jusqu'aux derniers fondemens de cette antique Monarchie, avec laquelle tu n'as cessé, tant qu'elle a existé, de rivaliser de puissance, et dont la prospérité a toujours été pour toi un sujet de haine ou de jalousie ? N'était-ce pas pour nous donner des maîtres à ta convenance, suivant tes intérêts et tes spéculations ?

Lorsque tout était bouleversé en Europe, lorsque le régime révolutionnaire, le hideux philosophisme et la soif des conquêtes, semblaient menacer le globe d'une commotion générale, l'on a pu concevoir tes efforts, tes entreprises, tes plans et tes combinaisons politiques pour entraîner tous les Cabinets dans une ligue offensive et défensive, contre ce que tu appelais des *brigands*, *des usurpateurs et des assassins*.

Mais de quels prétextes, sinon légitimes, au moins spécieux, te serviras-tu aujourd'hui pour perpétuer , pour éterniser les cruelles dissentions auxquelles ma malheureuse patrie et les Etats voisins n'ont été que trop long-tems en proie ? S'il est vrai que , dans les circonstances actuelles , tes tentatives , tes attaques et tes hostilités soient sans motifs plausibles , sans but fixe et déterminé , hâte-toi de renoncer à tes desseins , aussi téméraires que pernicieux. Songe qu'il t'a été impossible d'entamer notre territoire , lorsque nous étions divisés , lors-même que les torches funèbres de l'affreuse discorde éclairaient dans l'intérieur de la République les trames les plus criminelles , les complots les plus odieux , les scènes et les catastrophes les plus sanglantes.

Prétendrais-tu donc t'emparer de nos citadelles, de nos ports et de nos villes , au moment où réunis autour de tous les pouvoirs constitués , parce que nous trouvons en eux protection , force et repos , nous sommes prêts , tant par amour que par devoir , et pour notre sûreté commune , à nous lever en masse pour défendre nos foyers , nos femmes et nos enfans ?

Nation anglaise , toi qui t'honores d'avoir produit les Milton , les Young , les Pope , les Locke , les Newton et les hommes les plus célèbres dans tous les genres , c'est à toi que je m'adresse maintenant , pour atteindre le but que je me propose ! Examine sérieusement ta position et considère la nôtre avec impartialité. Dépouille-toi de tes préventions et de tes préjugés à notre égard ; et pour bien t'apprécier toi-même , pour ne pas t'aveugler ou t'abuser sur tes forces et sur tes ressources , observe avec attention tout ce qui se passe chez toi et autour de toi. Tâche de te persuader que notre Révolution est terminée , parce que les Français , honteux d'avoir courbé si long-tems un front humilié sous le joug avilissant des factions et des partis liberticides , ont reconnu la nécessité de s'attacher irrévocablement à une constitution , d'avoir un Gouvernement stable et d'obéir aux lois...

Si tu n'y prends garde , tu es peut-être à la veille de voir éclater dans ta capitale et bientôt dans ton île, et de-là en Irlande, les plus funestes divisions. Reporte-toi par la pensée à une époque qui n'est pas éloignée de toi : ouvre ton histoire, lis et frémis.....

Mais, j'en ai le doux pressentiment, avertie par ta propre expérience et par la nôtre, tu t'empresseras de détourner l'orage qui gronde sur ta tête; tu écouteras les conseils de la raison et de la sagesse. L'humanité achèvera dans ton cœur ce que la politique aura commencé dans ton esprit. Pour peu que tu veuilles y réfléchir, le droit naturel, la philosophie et la religion surtout te convaincront de cette importante vérité : que les sociétés plus ou moins étendues, plus ou moins considérables, plus ou moins puissantes, doivent être considérées comme autant de familles réunies sous un chef qui est l'Être suprême, qui punit tôt ou tard les infractions faites à ses lois éternelles. Attache-toi à cette idée aussi sublime que philantropique ? Oui, sa vive lumière pénétrera jusqu'au fond de ton ame ; tu consentiras à entrer en négociation avec le Gouvernement français, qui certes en vaut bien un autre. Les deux premiers peuples de l'univers, sous les rapports des arts , des sciences , des richesses , du commerce et de l'industrie , oublieront leurs longues querelles ; ils se rapprocheront, s'entendront , s'embrasseront , fraterniseront , et ils jouiront enfin , avec toutes les nations du globe habitable , de l'inappréciable bienfait d'une paix générale....

RÉSUMÉ

DE CE PETIT OUVRAGE

Pour en indiquer le plan et le contenu.

Nota. On prévient le Public que cet opuscule, s'il est favorablement accueilli, sera suivi de deux autres Parties, dont l'une aura pour titre : *les Principes de la saine raison, opposés aux fausses lumières du Philosophisme ;* et la seconde aura pour titre : *de la nécessité et des avantages d'une Religion pour gouverner les Peuples et les rendre heureux ;* ce qui formera un petit ouvrage d'une vingtaine de feuilles d'impression. Ce sera celui annoncé depuis peu dans le *Publiciste.*

Les personnes qui voudront se faire inscrire, s'adresseront directement à l'Auteur, *rue de l'Université,* N° 920, *au coin de celle des Saints-Pères, maison de l'Épicier.*

BATAILLIARD.

www.ingramcontent.com/pod-product-compliance
Lightning Source LLC
Chambersburg PA
CBHW051607060726

47597CB00004B/1174